Realschule Bayern

À toi! 1

Meine Grammatik
zum Selberschreiben

Die **Lösungen** findest du auf cornelsen.de/codes.
Dort gibst du den unten stehenden Zugangscode
ein. **bapezu**

Cornelsen

À toi! 1 Realschule Bayern
Meine Grammatik zum Selberschreiben

Im Auftrag des Verlages erarbeitet von:
Walpurga Herzog

und der Redaktion Französisch
Jana Silckerodt, Lena Schwefer

Illustrationen: Paul Lalo (Illustration der Seitenrahmen),
Yayo Kawamura (alle sonstigen Illustrationen)
Umschlaggestaltung: werkstatt für gebrauchsgrafik, Berlin
Layoutkonzept: Rotraud Biem, Berlin
Layout und technische Umsetzung: graphitecture book & edition

Umschlagfoto: shutterstock / S. Borisov

www.cornelsen.de

1. Auflage, 2. Druck 2022

Alle Drucke dieser Auflage sind inhaltlich unverändertund können im Unterricht nebeneinander
verwendet werden.

Druck: AZ Druck und Datentechnik GmbH, Kempten

ISBN 978-3-06-121061-8

PEFC zertifiziert
Dieses Produkt stammt aus nachhaltig
bewirtschafteten Wäldern und kontrollierten
Quellen.
PEFC
PEFC/04-31-2260 www.pefc.de

Grammaire

Mit diesem Heft kannst du
– nach und nach Grammatik sammeln
– und außerdem überprüfen, was du schon kannst.

Grammaire

>>> Dieses Heft ist deine ganz persönliche Grammatik zum Selberschreiben.
Hier ergänzt du
– Konjugationsmuster der regelmäßigen und unregelmäßigen Verben,
– Tabellen und Regeln zu den wichtigsten Grammatikthemen von *À toi!* **1**.
Immer wenn du ein neues Grammatikthema kennengelernt hast, suchst du dir
in diesem Heft die passende Seite heraus und füllst sie aus.

Am Ende des Schuljahres hast du ein Nachschlagewerk, an dem du selbst
mitgearbeitet hast.
Du trennst die Seiten deiner eigenen Grammatik heraus und heftest sie ab. So kannst
du auch im nächsten Schuljahr hier nachschlagen, wenn du mal etwas vergessen
hast.

Alles klar? Dann kann es ja losgehen.

Viel Spaß mit deiner Grammatik zum Selberschreiben!

Grammaire

Die Verben

>>> Hier findest du eine Übersicht über die Verben, die in *À toi!* **1** vorkommen. Trage den französischen Infinitiv ein, sobald du eine Unité abgeschlossen hast. Die <u>orange markierten</u> Verben mit ❗ werden unregelmäßig konjugiert.

[Unité 2]

sein = ❗ _____

[Unité 3]

wohnen = _____   nach Hause gehen = _____

suchen = _____   ansehen, anschauen = _____

bei etw. vorbeigehen = _____   _____   ____

[Unité 4]

haben = ❗ _____   arbeiten = _____

reden, sprechen = _____   singen = _____

[Unité 5]

essen = _____   zuhören, anhören = _____

aufräumen = _____

[Unité 6]

organisieren = _____   machen = ❗ _____

träumen = _____   einladen = _____

mitbringen = _____   tanzen = _____

ankommen = _____

[Unité 7]

mögen/lieben = _____

sehr mögen = _____

fernsehen = _____ ____ _____

chatten = _____

zeichnen = _____

gehen, fahren = ! _____

vorbereiten, zubereiten = _____

klingeln = _____

surfen = _____

bei jdm vorbeikommen = _____ _____ ____

[Unité 8]

gehen, funktionieren = _____

aufschreiben = _____

können = ! _____

benutzen = _____

hineingehen = _____

korrigieren = _____

beginnen, anfangen = _____

[Unité 9]

kaufen = _____

wollen = ! _____

kosten = _____

hassen = _____

[Unité 10]

verbringen = _____

besichtigen = _____

nehmen = ! _____

verstehen = ! _____

lernen = ! _____

Grammaire

Das unregelmäßige Verb être [Unité 2]

être (sein)	
je	__s u i s__
tu	____
il/elle/on	_____
nous	_____
vous	_____
ils/elles	_____

Wendungen mit être

>>> Schreibe die französischen Übersetzungen der Sätze auf.

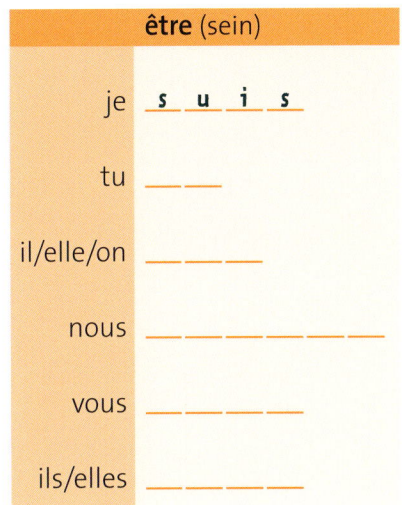

Wer ist das? [Unité 2]

Das ist hübsch! [Unité 6]

Wie viel Uhr ist es? [Unité 8]

Ich bin zu spät. [Unité 8]

Das ist lecker. [Unité 3]

Das ist teuer. [Unité 9]

Wo ist das? [Unité 3]

Wir sind einverstanden. [Unité 6]

Das ist furchtbar. [Unité 4]

Das ist nicht möglich. [Unité 6]

Das ist alles. [Unité 9]

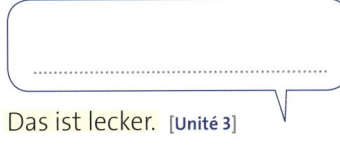

Das unregelmäßige Verb avoir [Unité 4]

avoir (haben)	
j'	__a__ __i__
tu	__ __
il/elle/on	__
nous	__ __ __ __ __
vous	__ __ __
ils/elles	__ __ __

Wendungen mit avoir

>>> Schreibe die französischen Übersetzungen der Sätze auf.

a v o i r

....
....

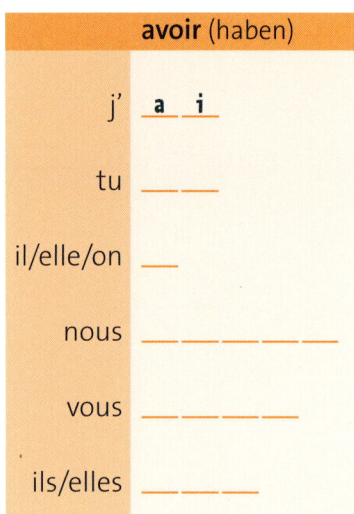

Ich bin 16 Jahre alt. [Unité 4]

....
....
....

Wir haben heute keinen Unterricht. [Unité 6]

....
....

Ich habe Hunger! [Unité 9]

....
....

Wie alt sind sie? [Unité 4]

....
....

Hast du Zeit? [Unité 7]

....

Er hat Durst! [Unité 9]

Grammaire

Die regelmäßigen Verben auf -er   [Unité 3]

regarder (ansehen)

je	regard-__e__
tu	regard-___ ___
il/elle/on	regard-___
nous	regard-___ ___ ___
vous	regard-___ ___
ils/elles	regard-___ ___ ___

Die Grundform eines Verbs nennt man

....

Ein Verb besteht aus zwei Teilen: dem Verbstamm (hier:

regard-) und der .... (hier: *-er*).

Wenn du das Verb konjugierst, passt du die Endung an die jeweilige Person an: *regarder → je regarde.* Das ist wie im Deutschen *(sein → ich bin).*

Impératif [Unité 5]

.... (Schau! / Sieh mal!)

.... (Lass uns [mal] sehen!)

.... (Schaut/Seht [mal]!)

chercher (suchen)

je	___ ___ ___ ___ ___ ___
tu	___ ___ ___ ___ ___ ___
il/elle/on	___ ___ ___ ___ ___ ___
nous	___ ___ ___ ___ ___ ___ ___
vous	___ ___ ___ ___ ___ ___
ils/elles	___ ___ ___ ___ ___ ___ ___

rentrer (nach Hause gehen)

je	___ ___ ___ ___ ___ ___
tu	___ ___ ___ ___ ___ ___
il/elle/on	___ ___ ___ ___ ___ ___
nous	___ ___ ___ ___ ___ ___ ___
vous	___ ___ ___ ___ ___ ___
ils/elles	___ ___ ___ ___ ___ ___ ___

Impératif [Unité 5]

....

....

....

Impératif [Unité 5]

....

....

....

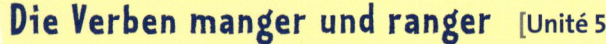

Die Verben manger und ranger [Unité 5]

manger (essen)	
je	_____
tu	_____
il/elle/on	_____
nous	____ e ____
vous	_____
ils/elles	_____

ranger (aufräumen)	
je	_____
tu	_____
il/elle/on	_____
nous	____ e ____
vous	_____
ils/elles	_____

Impératif [Unité 5]

....

....

....

Impératif [Unité 5]

....

....

....

Manger und *ranger* sind Verben auf .... Sie werden regelmäßig konjugiert. Sie haben aber eine Besonderheit: In der 1. Person Plural schiebst du ein *-e-* zwischen *rang-* und *-ons* ein. Sonst würde das *-g-* falsch ausgesprochen.

Das Verb acheter [Unité 9]

acheter (kaufen)	
j'	____ è ___
tu	____ è ___
il/elle/on	____ è ___
nous	_____
vous	_____
ils/elles	____ è ___

Impératif [Unité 5]

....

....

....

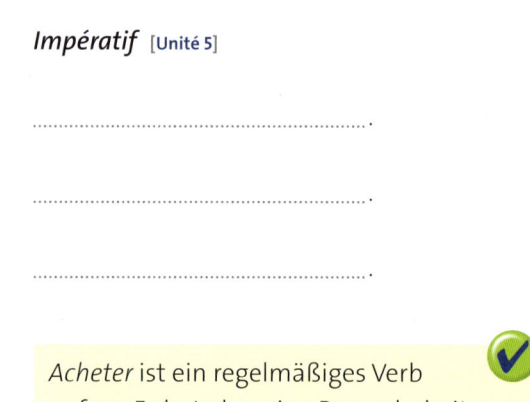

Acheter ist ein regelmäßiges Verb auf *-er*. Es hat aber eine Besonderheit: Im Singular und in der 3. Person Plural steht *-è-* (*j'achète, tu achètes …*).

Grammaire

Das unregelmäßige Verb faire [Unité 6]

faire (machen)
je _____
tu _____
il/elle/on _____
nous _____
vous _____
ils/elles _____

Impératif [Unité 5]

....

....

....

Wendungen mit faire

>>> Schreibe die französischen Übersetzungen der Sätze auf.

Wir feiern! [Unité 6]

Sie backen einen Kuchen!
[Unité 6]

Du kochst?! [Unité 7]

Ich mache meine Hausaufgaben.
[Unité 6]

Wählst du die Nummer von
Lucas? [Unité 6]

Gehen wir shoppen? [Unité 10]

Wie viel kostet das? [Unité 10]

Das unregelmäßige Verb aller [Unité 7]

aller (gehen, fahren)		Impératif
je	_ _ _ _ _ _	....
tu	_ _ _ _ _	....
il/elle/on	_ _ _	....
nous	_ _ _ _ _ _ _	
vous	_ _ _ _ _ _	
ils/elles	_ _ _ _ _	

Wendungen mit aller

>>> Schreibe die französischen Übersetzungen der Sätze auf.

a l l e r

Wir gehen ins Kino!

Gehst du zu Sarah?

Fahren Sie nach Paris?

Grammaire

Die unregelmäßigen Verben pouvoir [Unité 8] und vouloir [Unité 9]

pouvoir (können)	
je	_____
tu	_____
il/elle/on	_____
nous	_____
vous	_____
ils/elles	_____

vouloir (wollen)	
je	_____
tu	_____
il/elle/on	_____
nous	_____
vous	_____
ils/elles	_____

Das unregelmäßige Verb prendre [Unité 10]

prendre (nehmen)	
je	_____
tu	_____
il/elle/on	_____
nous	_____
vous	_____
ils/elles	_____

 Die Verben *comprendre* (verstehen) und *apprendre* (lernen) werden wie *prendre* konjugiert.

Impératif

....

....

....

Die direkten Objektpronomen me, te, nous, vous [Unité 10]

Tu	me	comprends?
Ça	m'	énerve!
Il	te	regarde.
Je	t'	aime.
Elles	nous	regardent.
Je	vous	invite à mon anniversaire.

– Tu ___'écoutes? — Hörst du **mir** zu?

– Je ___'invite. — Ich lade **dich** ein.

– Elle ___ ___ ___ ___ cherche. — Sie sucht **uns**.

– Ils ___ ___ ___ ___ regardent. — Sie sehen **euch** an.

Das direkte Objektpronomen steht immer vor dem Verb. ✔

– Est-ce que tu nous invites à ton anniversaire? — Non, je __ne__ ___ ___ ___ ___ invite ___**pas**___.

– Est-ce qu'elle te comprend? — Non, elle _____ ___ ___ comprend _____.

Die Verneinungsklammer schließt das Objektpronomen mit ein. ✔

14

Grammaire

	Der bestimmte Artikel [Unité 2]		Der unbestimmte Artikel [Unité 3]	
	männlich	weiblich	männlich	weiblich
Singular	___ ___ garçon ___ ami	___ ___ fille ___ amie	___ ___ garçon ___ ___ ami	___ ___ ___ fille ___ ___ ___ amie
Plural	___ ___ ___ garçons ___ ___ ___ amis	___ ___ ___ filles ___ ___ ___ amies	___ ___ ___ garçons ___ ___ ___ amis	___ ___ ___ filles ___ ___ ___ amies
	.... le		....	....

! Das Geschlecht deutscher und französischer Nomen stimmt meist **nicht** überein:

la fille – **das** Mädchen
la cour – **der** Schulhof
le collège – **das** Collège

Im Deutschen gibt es keinen unbestimmten Artikel im Plural.

Dans la boulangerie, il y a .... croissants.
In der Bäckerei   gibt es   ■   Croissants.

Der zusammengezogene Artikel mit der Präposition de [Unité 5]

Le sac de sport est à côté ___ ___ bureau.

La boîte est à côté ___ ___ ___ ___ porte.

L'étagère est à côté ___ ___ ___ armoire.

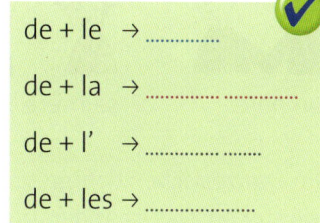

de + le → ....
de + la → ....
de + l' → ....
de + les → ....

La perruche est à côté ___ ___ ___ livres.

Der zusammengezogene Artikel mit der Präposition à   [Unité 7]

Louis va _____ club de foot.

Ils vont ___ ___ école.

Sophie va ___ ___ _____
médiathèque.

Karim va _____ _____
Deux Alpes.

à + le	→ .... ✔
à + la	→ ....
à + l'	→ ....
à + les	→ ....

Die Possessivbegleiter mon, ton, son ...   [Unité 4]

	Nomen im Singular			Nomen im Plural
ein „Besitzer"	männlich	weiblich	vor Vokal	
(moi) 	_____ père	___ mère	_____ ami _____ amie	_____amis _____amies
(toi)	____ frère	___ sœur	_____ ami _____ amie	_____ frères _____ sœurs
(il) (elle) 	_____ cousin	___ cousine	_____ ami _____ amie	_____ cousins _____ cousines
	mon	....	....	....

son père   sa mère

***Son** père* heißt sowohl „**sein** Vater"
als auch „**ihr** Vater"!

Im Französischen richten sich die Possessivbegleiter nur nach dem Nomen, vor dem
sie stehen. Das ist anders als im Deutschen. ✔

Grammaire

Die Possessivbegleiter notre, votre, leur ... [Unité 8]

Nomen im Singular

mehrere „Besitzer"	männlich	weiblich
(nous)	_ _ _ _ _ _ prof	_ _ _ _ _ _ salle de classe
(vous)	_ _ _ _ _ _ livre	_ _ _ _ _ _ DVD
(ils) (elles)	_ _ _ _ _ collège	_ _ _ _ _ photo

.... **notre** ....

....

....

Nomen im Plural

mehrere „Besitzer"	männlich	weiblich
(nous)	_ _ _ devoirs	_ _ _ réponses
(vous)	_ _ _ livres	_ _ _ feuilles
(ils) (elles)	_ _ _ _ ordinateurs	_ _ _ _ _ fautes

.... **nos** ....

....

....

Die Intonationsfrage [Unité 1]

Frage ↗	Aussage ↘
Ça va ___	Ça va ___
C'est Anissa ___	Oui, c'est Anissa ___

> Du kannst beim Sprechen aus einem Aussagesatz einen Fragesatz bilden. Verändere einfach die Satzmelodie:
>
> Aussagesatz ↓ → Fragesatz ↗ ✔

Die Frage mit nachgestelltem Fragewort [Unité 2]

Tu t'appelles _____ ? = **Wie** heißt du?

C'est _____ ? = **Wer** ist das?

C'est _____ ? = **Wo** ist das? [Unité 3]

Tu habites _____ ? = **Wo** wohnst du? [Unité 3]

Ça fait _____ ? = **Wie viel** kostet das? [Unité 9]

> In der gesprochenen Sprache kannst du auch Fragen mit einem Fragewort am Ende des Satzes bilden. ✔

Die Frage mit qu'est-ce que [Unité 3]

____ _____-____ _____ tu cherches? = **Was** suchst du?

____ _____-____ ____ il y a à Levallois? = **Was** gibt es in Levallois?

> Mit *Qu'est-ce que/qu'*... fragst du nach Sachen. ✔

Grammaire

Die Frage mit où und die Frage mit qui [Unité 5]

___ ___ est Vincent? = **Wo** ist Vincent?

___ ___ sont mes clés? = **Wo** sind meine Schlüssel?

> Mit *où* fragst du, wo jemand oder etwas ist. ✔
>
> .... + **Verb** + **Subjekt** + **?** = **Fragesatz**

___ ___ ___ est dans la salle de bains? = **Wer** ist im Badezimmer?

___ ___ ___ cherche ses clés? = **Wer** sucht seine Schlüssel?

> Mit *qui* fragst du nach Personen. ✔
>
> .... + **Verb** + **Ergänzung** + **?** = **Fragesatz**

Die Frage mit est-ce que [Unité 6]

___ ___ ___ - ___ ___ ___ ___ ___ tu organises une fête? = Organisierst du eine Party?

___ ___ ___ - ___ ___ ___ ___ ils sont d'accord? = Sind sie einverstanden?

> Du kannst einen Fragesatz auch mit *est-ce* que bilden. ✔
>
> .... - .... + **Aussagesatz** + **?** = **Fragesatz**

Est-ce que wird nicht übersetzt. 💡

Die Frage mit Fragewort und est-ce que [Unité 8]

....**Pourquoi**.... ....**est-ce que**........ tu vas chez le CPE? = **Warum** gehst du zum CPE?

....**est-ce que**........ tu habites? = **Wo** wohnst du?

.... vous rentrez? = **Wie** geht ihr heim?

.... ils vont au parc? = **Wann** gehen sie in den Park?

....**Avec**.... ....**est-ce que**........ tu vas au cinéma? = **Mit wem** gehst du ins Kino?

....**Chez**.... .... vous mangez? = **Bei wem** esst ihr?

....**Pour**.... .... tu fais le gâteau? = **Für wen** backst du den Kuchen?

.... ils coûtent? = **Wie viel** kosten sie? [Unité 9]

> Auch mit Fragewörtern kannst du *est-ce que*-Fragen bilden. ✔
>
> **Fragewort** + ... - .... + **Aussagesatz** + **?** = **Fragesatz**

Mengenangaben mit de [Unité 9]

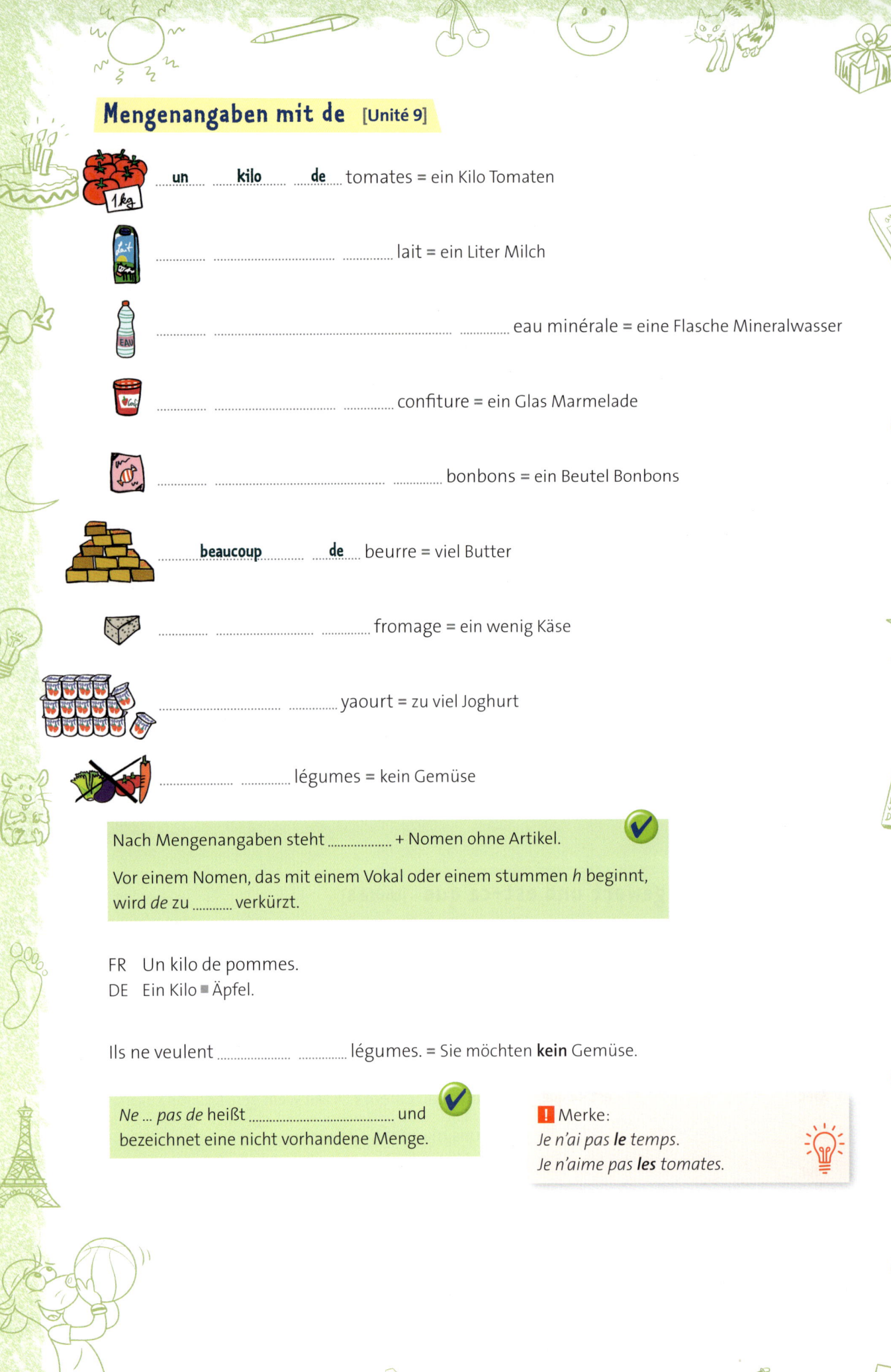

..._un_.... ...**kilo**... ..._de_.... tomates = ein Kilo Tomaten

.... lait = ein Liter Milch

.... eau minérale = eine Flasche Mineralwasser

.... confiture = ein Glas Marmelade

.... bonbons = ein Beutel Bonbons

.... **beaucoup** ...._de_.... beurre = viel Butter

.... fromage = ein wenig Käse

.... yaourt = zu viel Joghurt

.... légumes = kein Gemüse

> Nach Mengenangaben steht .... + Nomen ohne Artikel. ✔
>
> Vor einem Nomen, das mit einem Vokal oder einem stummen *h* beginnt, wird *de* zu .... verkürzt.

FR   Un kilo de pommes.
DE   Ein Kilo ▪ Äpfel.

Ils ne veulent .... légumes. = Sie möchten **kein** Gemüse.

> *Ne ... pas de* heißt .... und ✔
> bezeichnet eine nicht vorhandene Menge.

❗ Merke:
*Je n'ai pas **le** temps.*
*Je n'aime pas **les** tomates.*

Grammaire

Das futur composé [Unité 10]

Qu'est-ce que tu vas faire ce soir?

Je vais regarder la télé.

Je **v a i s** **faire** la fête. = Ich werde feiern.

Tu _____ **aller** à Berlin. = Du wirst nach Berlin fahren.

Il/Elle/On ____ **regarder** un spectacle. = Er wird eine Vorführung anschauen.

Nous _____ **danser** ensemble. = Wir werden zusammen tanzen.

Vous _____ **visiter** un musée. = Ihr werdet ein Museum besuchen.

Ils/Elles _____ **chanter** ensemble. = Sie werden zusammen singen.

Wenn du über etwas sprichst, das in der Zukunft passieren wird, verwendest du das *futur composé*. ✔

konjugierte Form von .... **+ Infinitiv = futur composé**

Tu ne vas pas aller au concert de Julien?

Non. Je vais ranger ma chambre.

Il ....**ne**.... va ....**pas**.... aller à Paris. = Er wird nicht nach Paris fahren.

Je .... vais .... faire du shopping. = Ich werde nicht shoppen gehen.

Nous .... allons .... danser. = Wir werden nicht tanzen.

Die Verneinungswörter *ne ... pas* stehen beim *futur composé* vor und hinter der konjugierten Form von *aller*. ✔

.... **+ konjugierte Form von** .... **+** .... **+ Infinitiv = futur composé verneint**

Zeichen und Akzente im Französischen

l'ami — Das Zeichen **'** heißt Apostroph und steht für einen ausgefallenen Vokal: ~~le ami~~ → l'ami, ~~la amie~~ → l'amie, ~~le hôtel~~ → l'hôtel.

Ça va? — **ç** nennt man „c cédille". Es bewirkt, dass das **c** vor den Vokalen **a, o, u** wie **s** ausgesprochen wird.

la rentrée — **é** heißt „é accent aigu". Dieser Akzent kommt nur auf dem **e** vor.

le collège — **è** heißt „è accent grave". Dieser Akzent kommt auf den Vokalen **e**, **a**, **u** vor.

l'hôtel — **ô** heißt „ô accent circonflexe". Dieser Akzent kann auf allen Vokalen vorkommen.

Gaëlle — **ë** heißt „e tréma". Dieses Zeichen bewirkt, dass zwei aufeinanderfolgende Vokale getrennt gesprochen werden.

>>> Finde in der ▶ *Liste des mots*, S. 178 weitere Beispiele für die verschiedenen Zeichen und Akzente.

'	ç	é

è / à / ù	â / ê / î / ô / û	ë
		Gaëlle
		Noël

Platz für deine Notizen und eigene Eselsbrücken

Platz für deine Notizen und eigene Eselsbrücken

Platz für deine Notizen und eigene Eselsbrücken

À toi! 1

Meine Grammatik

zum Selberschreiben

Cornelsen

À toi! **1** **Realschule Bayern**
Meine Grammatik zum Selberschreiben

Im Auftrag des Verlages erarbeitet von:
Walpurga Herzog

und der Redaktion Französisch
Jana Silckerodt, Lena Schwefer

Illustrationen: Paul Lalo (Illustration der Seitenrahmen),
Yayo Kawamura (alle sonstigen Illustrationen)
Umschlaggestaltung: werkstatt für gebrauchsgrafik, Berlin
Layoutkonzept: Rotraud Biem, Berlin
Layout und technische Umsetzung: graphitecture book & edition

Umschlagfoto: shutterstock / S. Borisov

www.cornelsen.de

1. Auflage, 2. Druck 2022

Alle Drucke dieser Auflage sind inhaltlich unverändertund können im Unterricht nebeneinander
verwendet werden.

© 2019 Cornelsen Verlag GmbH, Berlin

Druck: AZ Druck und Datentechnik GmbH, Kempten

ISBN 978-3-06-121061-8

Grammaire

Mit diesem Heft kannst du
– nach und nach Grammatik sammeln
– und außerdem überprüfen, was du schon kannst.

 ▶▶▶ Dieses Heft ist deine ganz persönliche Grammatik zum Selberschreiben.
Hier ergänzt du
– Konjugationsmuster der regelmäßigen und unregelmäßigen Verben,
– Tabellen und Regeln zu den wichtigsten Grammatikthemen von *À toi!* **1**.
Immer wenn du ein neues Grammatikthema kennengelernt hast, suchst du dir
in diesem Heft die passende Seite heraus und füllst sie aus.

Am Ende des Schuljahres hast du ein Nachschlagewerk, an dem du selbst
mitgearbeitet hast.
Du trennst die Seiten deiner eigenen Grammatik heraus und heftest sie ab. So kannst
du auch im nächsten Schuljahr hier nachschlagen, wenn du mal etwas vergessen
hast.

Alles klar? Dann kann es ja losgehen.

Viel Spaß mit deiner Grammatik zum Selberschreiben!

Grammaire

Die Verben

>>> Hier findest du eine Übersicht über die Verben, die in *À toi!* **1** vorkommen. Trage den französischen Infinitiv ein, sobald du eine Unité abgeschlossen hast. Die <u>orange markierten</u> Verben mit **!** werden unregelmäßig konjugiert.

[Unité 2]

sein = **!** __ __ __ __ __

[Unité 3]

wohnen = __ __ __ __ __ __ __

suchen = __ __ __ __ __ __ __

bei etw. vorbeigehen = __ __ __ __ __ __ __ __ __

nach Hause gehen = __ __ __ __ __ __ __ __

ansehen, anschauen = __ __ __ __ __ __ __ __

[Unité 4]

haben = **!** __ __ __ __ __

reden, sprechen = __ __ __ __ __ __

arbeiten = __ __ __ __ __ __ __ __ __

singen = __ __ __ __ __ __ __

[Unité 5]

essen = __ __ __ __ __ __

aufräumen = __ __ __ __ __ __

zuhören, anhören = __ __ __ __ __ __ __ __

[Unité 6]

organisieren = __ __ __ __ __ __ __ __ __

träumen = __ __ __ __ __

mitbringen = __ __ __ __ __ __ __

ankommen = __ __ __ __ __ __ __

machen = **!** __ __ __ __ __ __

einladen = __ __ __ __ __ __ __

tanzen = __ __ __ __ __ __

[Unité 7]

mögen/lieben = _____   sehr mögen = _____

fernsehen = _____ ____ _____

chatten = _____   zeichnen = _____

gehen, fahren = **!** _____   vorbereiten, zubereiten = _____

klingeln = _____   surfen = _____

bei jdm vorbeikommen = _____ _____ ____

[Unité 8]

gehen, funktionieren = _____   aufschreiben = _____

können = **!** _____   benutzen = _____

hineingehen = _____   korrigieren = _____

beginnen, anfangen = _____

[Unité 9]

kaufen = _____   wollen = **!** _____

kosten = _____

hassen = _____

[Unité 10]

verbringen = _____   besichtigen = _____

nehmen = **!** _____   verstehen = **!** _____

lernen = **!** _____

Grammaire

Das unregelmäßige Verb être [Unité 2]

être (sein)	
je	**s u i s**
tu	_____
il/elle/on	_____
nous	_____
vous	_____
ils/elles	_____

Wendungen mit être

>>> Schreibe die französischen Übersetzungen der Sätze auf.

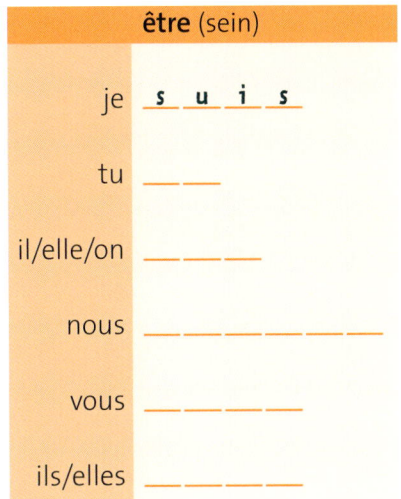

Wer ist das? [Unité 2]

Das ist hübsch! [Unité 6]

Wir sind einverstanden. [Unité 6]

Das ist lecker. [Unité 3]

Wo ist das? [Unité 3]

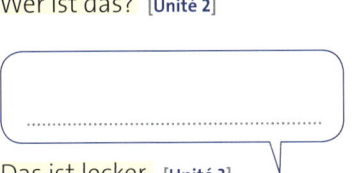

Das ist furchtbar. [Unité 4]

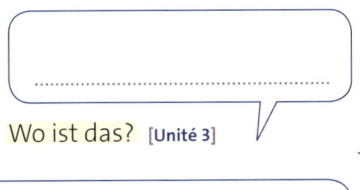

Das ist nicht möglich. [Unité 6]

Wie viel Uhr ist es? [Unité 8]

Ich bin zu spät. [Unité 8]

Das ist teuer. [Unité 9]

Das ist alles. [Unité 9]

7

Das unregelmäßige Verb avoir   [Unité 4]

avoir (haben)	
j'	**a i**
tu	___ ___
il/elle/on	___
nous	___ ___ ___ ___
vous	___ ___ ___
ils/elles	___ ___ ___

Wendungen mit avoir

>>> Schreibe die französischen Übersetzungen der Sätze auf.

a v o i r

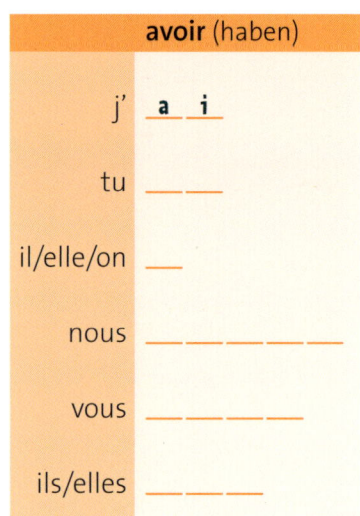

Ich bin 16 Jahre alt. [Unité 4]

Wir haben heute keinen Unterricht. [Unité 6]

Ich habe Hunger! [Unité 9]

Wie alt sind sie? [Unité 4]

Hast du Zeit? [Unité 7]

Er hat Durst! [Unité 9]

Grammaire

Die regelmäßigen Verben auf -er [Unité 3]

regarder (ansehen)

je	regard-__e__
tu	regard-_____
il/elle/on	regard-___
nous	regard-_____
vous	regard-_____
ils/elles	regard-_____

Die Grundform eines Verbs nennt man

....

Ein Verb besteht aus zwei Teilen: dem Verbstamm (hier:

regard-) und der .... (hier: *-er*).

Wenn du das Verb konjugierst, passt du die Endung an die jeweilige Person an: *regarder → je regarde.* Das ist wie im Deutschen *(sein → ich bin).*

Impératif [Unité 5]

.... (Schau! / Sieh mal!)

.... (Lass uns [mal] sehen!)

.... (Schaut/Seht [mal]!)

chercher (suchen)

je	_____
tu	_____
il/elle/on	_____
nous	_____
vous	_____
ils/elles	_____

Impératif [Unité 5]

....

....

....

rentrer (nach Hause gehen)

je	_____
tu	_____
il/elle/on	_____
nous	_____
vous	_____
ils/elles	_____

Impératif [Unité 5]

....

....

....

9

Die Verben manger und ranger   [Unité 5]

manger (essen)
je _____
tu _____
il/elle/on _____
nous ___ **e** ___
vous _____
ils/elles _____

ranger (aufräumen)
je _____
tu _____
il/elle/on _____
nous ___ **e** ___
vous _____
ils/elles _____

Impératif [Unité 5]

....

....

....

Impératif [Unité 5]

....

....

....

Manger und *ranger* sind Verben auf .... Sie werden regelmäßig konjugiert. Sie haben aber eine Besonderheit: In der 1. Person Plural schiebst du ein *-e-* zwischen *rang-* und *-ons* ein. Sonst würde das *-g-* falsch ausgesprochen.

Das Verb acheter   [Unité 9]

acheter (kaufen)
j' ___ **è** ___
tu ___ **è** ___
il/elle/on ___ **è** __
nous _____
vous _____
ils/elles ___ **è** ___

Impératif [Unité 5]

....

....

....

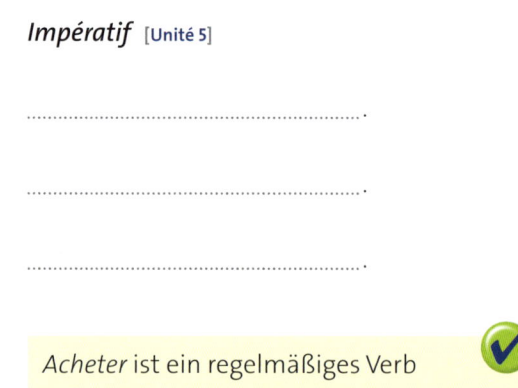

Acheter ist ein regelmäßiges Verb auf *-er*. Es hat aber eine Besonderheit: Im Singular und in der 3. Person Plural steht *-è-* (*j'achète, tu achètes ...*).

Grammaire

Das unregelmäßige Verb faire [Unité 6]

faire (machen)	
je	_____
tu	_____
il/elle/on	_____
nous	_____
vous	_____
ils/elles	_____

Impératif [Unité 5]

....

....

....

Wendungen mit faire

>>> Schreibe die französischen Übersetzungen der Sätze auf.

Wir feiern! [Unité 6]

Sie backen einen Kuchen!
[Unité 6]

Du kochst?! [Unité 7]

Gehen wir shoppen? [Unité 10]

Ich mache meine Hausaufgaben.
[Unité 6]

Wählst du die Nummer von
Lucas? [Unité 6]

Wie viel kostet das? [Unité 10]

Das unregelmäßige Verb aller [Unité 7]

aller (gehen, fahren)	
je	___ ___ ___ ___
tu	___ ___ ___
il/elle/on	___ ___
nous	___ ___ ___ ___ ___
vous	___ ___ ___ ___
ils/elles	___ ___ ___ ___

Impératif

....

....

....

Wendungen mit aller

>>> Schreibe die französischen Übersetzungen der Sätze auf.

a l l e r

....

Wir gehen ins Kino!

....

Gehst du zu Sarah?

....

Fahren Sie nach Paris?

Grammaire

Die unregelmäßigen Verben pouvoir [Unité 8] und vouloir [Unité 9]

pouvoir (können)	
je	————
tu	————
il/elle/on	————
nous	————
vous	————
ils/elles	————

vouloir (wollen)	
je	————
tu	————
il/elle/on	————
nous	————
vous	————
ils/elles	————

Das unregelmäßige Verb prendre [Unité 10]

prendre (nehmen)	
je	————
tu	————
il/elle/on	————
nous	————
vous	————
ils/elles	————

 Die Verben *comprendre* (verstehen) und *apprendre* (lernen) werden wie *prendre* konjugiert.

Impératif

....

....

....

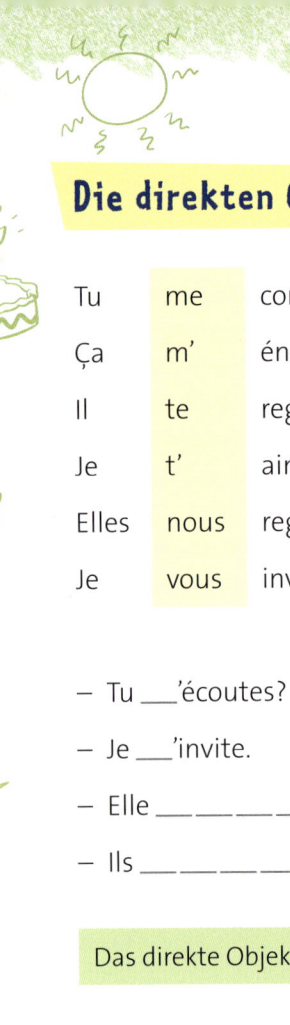
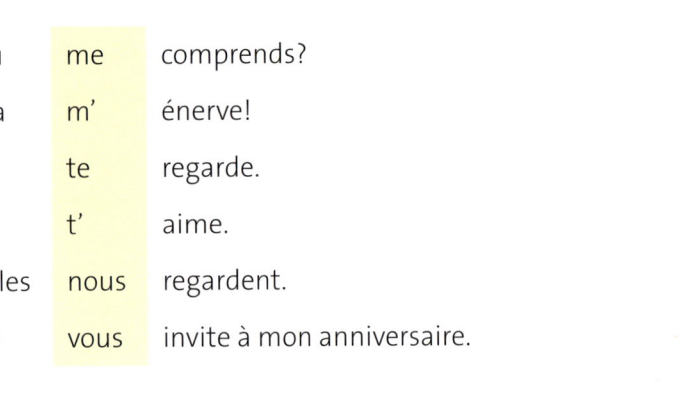

Die direkten Objektpronomen me, te, nous, vous [Unité 10]

Tu	me	comprends?
Ça	m'	énerve!
Il	te	regarde.
Je	t'	aime.
Elles	nous	regardent.
Je	vous	invite à mon anniversaire.

– Tu ___'écoutes?   – Hörst du **mir** zu?

– Je ___'invite.   – Ich lade **dich** ein.

– Elle ___ ___ ___ ___ cherche.   – Sie sucht **uns**.

– Ils ___ ___ ___ ___ regardent.   – Sie sehen **euch** an.

 Das direkte Objektpronomen steht immer vor dem Verb.

– Est-ce que tu nous invites à ton anniversaire?   – Non, je ...**ne**... ___ ___ ___ invite ....**pas**........ .

– Est-ce qu'elle te comprend?   – Non, elle .... ___ ___ comprend ....

 Die Verneinungsklammer schließt das Objektpronomen mit ein.

Grammaire

Der bestimmte und der unbestimmte Artikel [Unité 2 und Unité 3]

	Der bestimmte Artikel [Unité 2]		Der unbestimmte Artikel [Unité 3]	
	männlich	**weiblich**	**männlich**	**weiblich**
Singular	_____ garçon ___ ami	_____ fille ___ amie	_____ garçon _____ ami	_____ fille _____amie
Plural	_____ garçons _____amis	_____ filles _____amies	_____ garçons _____ amis	_____ filles _____ amies
	le		....	

 **!** Das Geschlecht deutscher und französischer Nomen stimmt meist **nicht** überein: **la** fille – **das** Mädchen
la cour – **der** Schulhof
le collège – **das** Collège

Im Deutschen gibt es keinen unbestimmten Artikel im Plural.

Dans la boulangerie, il y a .... croissants.
In der Bäckerei   gibt es   ■   Croissants.

Der zusammengezogene Artikel mit der Präposition de [Unité 5]

Le sac de sport est à côté _____ bureau.

La boîte est à côté _____ _____ porte.

L'étagère est à côté _____ ___ armoire.

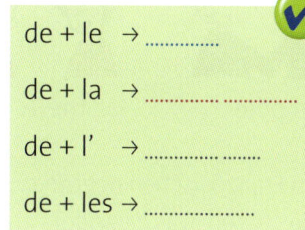
de + le → ....
de + la → ....
de + l' → ....
de + les → ....

La perruche est à côté _____ livres.

Der zusammengezogene Artikel mit der Präposition à [Unité 7]

Louis va _____ club de foot.

Ils vont ___ ___école.

Sophie va ___ _____ médiathèque.

Karim va _____ ___ Deux Alpes.

à + le →	✔
à + la →	
à + l' →	
à + les →	

Die Possessivbegleiter mon, ton, son ...   [Unité 4]

ein „Besitzer"	Nomen im Singular			Nomen im Plural	
	männlich	**weiblich**	**vor Vokal**		
(moi)	_____ père	____ mère	_____ami	_____amis
			_____amie	_____amies
(toi)	_____ frère	____ sœur	_____ami	_____ frères
			_____amie	_____ sœurs
(il) (elle)	_____ cousin	___ cousine	_____ami	_____ cousins
			_____amie	_____ cousines
	mon	....	....	....
	....	....	....	....
	....	....	....	....

son père   sa mère

Son *père* heißt sowohl „**sein** Vater" als auch „**ihr** Vater"!

 Im Französischen richten sich die Possessivbegleiter nur nach dem Nomen, vor dem sie stehen. Das ist anders als im Deutschen.

Grammaire

Nomen im Singular

mehrere „Besitzer"	männlich	weiblich
(nous)	_ _ _ _ _ _ prof	_ _ _ _ _ _ salle de classe
(vous)	_ _ _ _ _ _ livre	_ _ _ _ _ _ DVD
(ils) (elles)	_ _ _ _ _ collège	_ _ _ _ _ photo
	.... **notre**	

Nomen im Plural

mehrere „Besitzer"	männlich	weiblich
(nous)	_ _ _ _ devoirs	_ _ _ _ réponses
(vous)	_ _ _ _ livres	_ _ _ _ feuilles
(ils) (elles)	_ _ _ _ _ ordinateurs	_ _ _ _ _ _ fautes
	.... **nos**	

Die Intonationsfrage [Unité 1]

Frage ⟶	Aussage ⟶
Ça va ___	Ça va ___
C'est Anissa ___	Oui, c'est Anissa ___

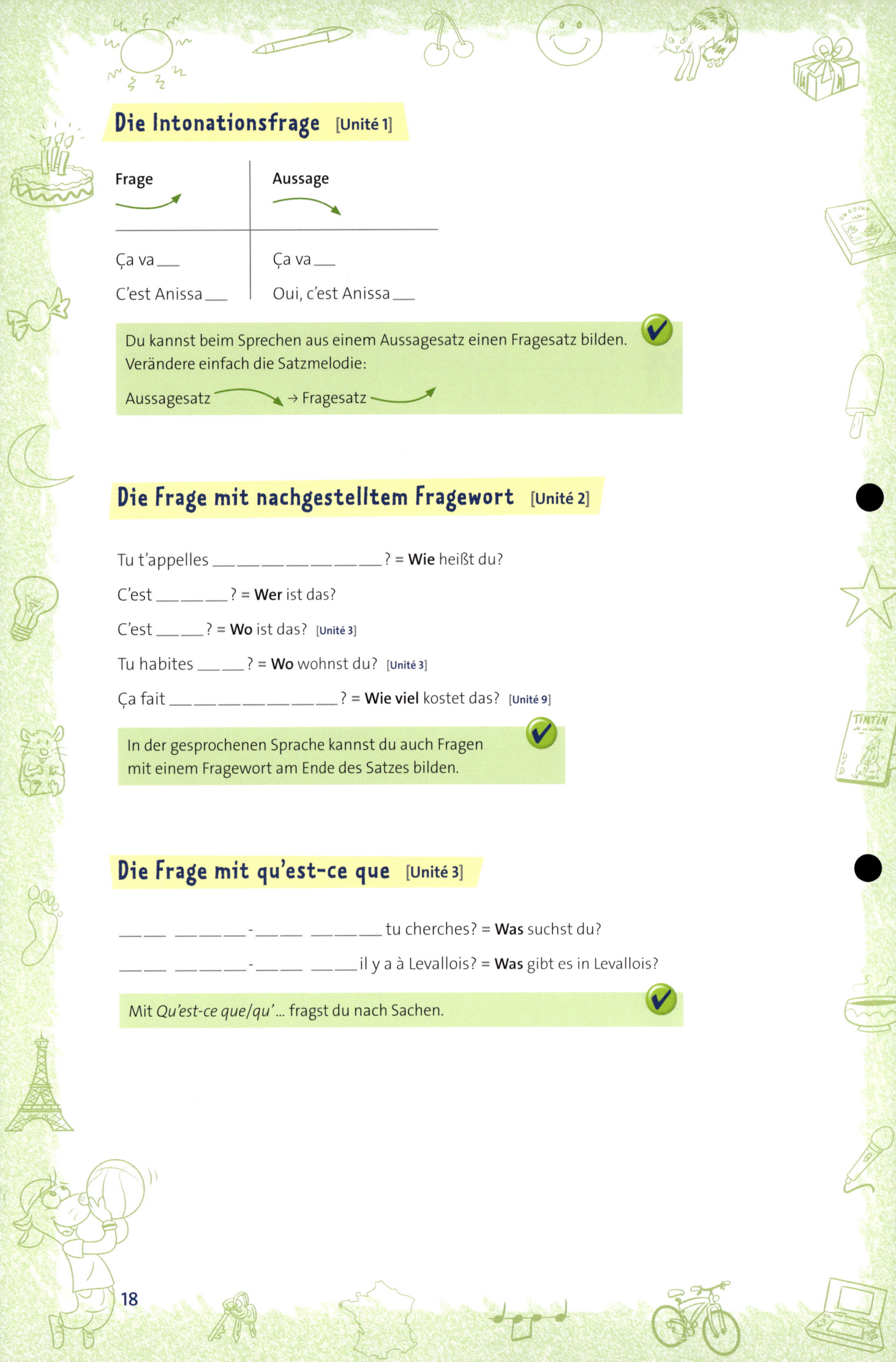

Du kannst beim Sprechen aus einem Aussagesatz einen Fragesatz bilden.
Verändere einfach die Satzmelodie:

Aussagesatz ⟶ → Fragesatz ⟶

Die Frage mit nachgestelltem Fragewort [Unité 2]

Tu t'appelles ___ ___ ___ ___ ___ ___ ___ ___ ___? = **Wie** heißt du?

C'est ___ ___ ___? = **Wer** ist das?

C'est ___ ___? = **Wo** ist das? [Unité 3]

Tu habites ___ ___? = **Wo** wohnst du? [Unité 3]

Ça fait ___ ___ ___ ___ ___ ___ ___ ___? = **Wie viel** kostet das? [Unité 9]

In der gesprochenen Sprache kannst du auch Fragen
mit einem Fragewort am Ende des Satzes bilden.

Die Frage mit qu'est-ce que [Unité 3]

___ ___ ___-___ ___ ___ tu cherches? = **Was** suchst du?

___ ___ ___-___ ___ il y a à Levallois? = **Was** gibt es in Levallois?

Mit Qu'est-ce que/qu'... fragst du nach Sachen.

Grammaire

Die Frage mit où und die Frage mit qui [Unité 5]

___ ___ est Vincent? = **Wo** ist Vincent?

___ ___ sont mes clés? = **Wo** sind meine Schlüssel?

> Mit *où* fragst du, wo jemand oder etwas ist.
>
> .... **+ Verb + Subjekt + ? = Fragesatz** ✔

___ ___ ___ est dans la salle de bains? = **Wer** ist im Badezimmer?

___ ___ ___ cherche ses clés? = **Wer** sucht seine Schlüssel?

> Mit *qui* fragst du nach Personen.
>
> .... **+ Verb + Ergänzung + ? = Fragesatz** ✔

Die Frage mit est-ce que [Unité 6]

___ ___ ___ - ___ ___ ___ ___ tu organises une fête? = Organisierst du eine Party?

___ ___ ___ - ___ ___ ___ ils sont d'accord? = Sind sie einverstanden?

> Du kannst einen Fragesatz auch mit *est-ce* que bilden.
>
> ....- .... **+ Aussagesatz + ? = Fragesatz** ✔

Est-ce que wird nicht übersetzt. 💡

Die Frage mit Fragewort und est-ce que [Unité 8]

Pourquoi .... **est-ce que** .... tu vas chez le CPE? = **Warum** gehst du zum CPE?

.... **est-ce que** .... tu habites? = **Wo** wohnst du?

.... vous rentrez? = **Wie** geht ihr heim?

.... ils vont au parc? = **Wann** gehen sie in den Park?

Avec .... **est-ce que** .... tu vas au cinéma? = **Mit wem** gehst du ins Kino?

Chez .... vous mangez? = **Bei wem** esst ihr?

Pour .... tu fais le gâteau? = **Für wen** backst du den Kuchen?

.... ils coûtent? = **Wie viel** kosten sie? [Unité 9]

> Auch mit Fragewörtern kannst du *est-ce que*-Fragen bilden.
>
> **Fragewort +** ....-.......... .... **+ Aussagesatz + ? = Fragesatz** ✔

Mengenangaben mit de [Unité 9]

 <u>un</u>   <u>kilo</u>   <u>de</u> tomates = ein Kilo Tomaten

 .... lait = ein Liter Milch

 .... eau minérale = eine Flasche Mineralwasser

 .... confiture = ein Glas Marmelade

 .... bonbons = ein Beutel Bonbons

 .... <u>beaucoup</u>   <u>de</u> beurre = viel Butter

 .... fromage = ein wenig Käse

 .... yaourt = zu viel Joghurt

 .... légumes = kein Gemüse

> Nach Mengenangaben steht .... + Nomen ohne Artikel.
>
> Vor einem Nomen, das mit einem Vokal oder einem stummen *h* beginnt, wird *de* zu .... verkürzt.

FR   Un kilo de pommes.
DE   Ein Kilo ■ Äpfel.

Ils ne veulent .... légumes. = Sie möchten **kein** Gemüse.

> *Ne ... pas de* heißt .... und
> bezeichnet eine nicht vorhandene Menge.

❗ Merke:
*Je n'ai pas **le** temps.*
*Je n'aime pas **les** tomates.*

Das futur composé [Unité 10]

Qu'est-ce que tu vas faire ce soir?

Je vais regarder la télé.

Je **v a i s** faire la fête.	= Ich werde feiern.
Tu ___ ___ ___ **aller** à Berlin.	= Du wirst nach Berlin fahren.
Il/Elle/On ___ ___ **regarder** un spectacle.	= Er wird eine Vorführung anschauen.
Nous ___ ___ ___ ___ ___ ___ **danser** ensemble.	= Wir werden zusammen tanzen.
Vous ___ ___ ___ ___ ___ **visiter** un musée.	= Ihr werdet ein Museum besuchen.
Ils/Elles ___ ___ ___ ___ **chanter** ensemble.	= Sie werden zusammen singen.

Wenn du über etwas sprichst, das in der Zukunft passieren wird, verwendest du das *futur composé*.

konjugierte Form von .... **+ Infinitiv = futur composé**

Tu ne vas pas aller au concert de Julien?

Non. Je vais ranger ma chambre.

Il ....**ne**.... va .....**pas**..... aller à Paris.	= Er wird nicht nach Paris fahren.
Je .... vais .... faire du shopping.	= Ich werde nicht shoppen gehen.
Nous .... allons .... danser.	= Wir werden nicht tanzen.

Die Verneinungswörter *ne ... pas* stehen beim *futur composé* vor und hinter der konjugierten Form von *aller*.

.... **+ konjugierte Form von** .... **+** .... **+ Infinitiv = futur composé verneint**

Zeichen und Akzente im Französischen

l'ami	Das Zeichen ' heißt Apostroph und steht für einen ausgefallenen Vokal: le ami → l'ami, la amie → l'amie, le hôtel → l'hôtel.
Ça va?	ç nennt man „c cédille". Es bewirkt, dass das **c** vor den Vokalen **a, o, u** wie **s** ausgesprochen wird.
la rentrée	é heißt „é accent aigu". Dieser Akzent kommt nur auf dem **e** vor.
le collège	è heißt „è accent grave". Dieser Akzent kommt auf den Vokalen **e**, **a**, **u** vor.
l'hôtel	ô heißt „ô accent circonflexe". Dieser Akzent kann auf allen Vokalen vorkommen.
Gaëlle	ë heißt „e tréma". Dieses Zeichen bewirkt, dass zwei aufeinanderfolgende Vokale getrennt gesprochen werden.

>>> Finde in der ▶ *Liste des mots*, S. 178 weitere Beispiele für die verschiedenen Zeichen und Akzente.

,	ç	é

è / à / ù	â / ê / î / ô / û	ë
		Gaëlle
		Noël

Platz für deine Notizen und eigene Eselsbrücken

Platz für deine Notizen und eigene Eselsbrücken